當才子
遇
上
大學

〔明〕張岱 著

傅于天 編譯

中華書局

目 錄

序 ⋯⋯⋯⋯⋯⋯⋯⋯⋯⋯⋯⋯⋯⋯ 一

張岱《四書遇》自序 ⋯⋯⋯⋯⋯⋯ 五

聖經章 ————————————————— 九

康誥章 ————————————————— 二七

盤銘章 ————————————————— 三五

邦畿章 ————————————————— 四一

聽訟章 ————————————————— 四九

知本章 ————————————————— 五九

誠意章 ————————————————— 六五

正心修身章 ————————————— 七五

齊家章 ————————————————— 八三

治國章 ————————————————— 八九

絜矩章 ————————————————— 九七

序

　　錢穆先生曾開過一個書單，列出他認為中國人必讀的九本書。在這張書單上，我們常說的四書——《大學》《中庸》《論語》《孟子》——佔了四席，由此足見錢先生對於它們的認可與推崇。

　　四書是每個讀書人繞不開的經典，但它們享有這樣的待遇，是在問世一千四百多年後的宋朝。當時，程頤和朱熹特別重視《禮記》中的《大學》和《中庸》兩篇文章，於是把它們抽出來變成兩個單行本，加上《論語》《孟子》，集為一套四本，稱作「四子書」或「四書」。

　　朱熹還傾注心血為四書作注解，編成《四書章句集注》。四書逐漸代替漢唐的大學教材五經，成為儒家文化的核心和基礎，家傳戶誦。朱注也成為官學正統，甚至被奉為科考的唯一標準，不僅代表了政治正確，更關係到讀書人的前途。直到陽明心學在明朝中期興起，朱注的大一統地位才開始受到挑戰。

　　明朝才子張岱的語錄體讀書札記《四書遇》，即是拋開朱注，從心學角度解讀四書的一本代表性作品。

　　張岱字宗子，又字石公，號陶庵，別號蝶庵居士，山陰（今浙江紹興）人。他的高祖張天復、曾祖張元忭、祖父張汝霖三代都是進士，且都做過高官，父親張耀芳也擔任過明藩王魯王府的右長史——相當於今天省級單位的副祕書長。所以，張岱前半生一直過着逍遙自在的公子哥生活：「少為紈綺子弟，極愛繁華，好精舍，好美婢，好孌童，好鮮衣，好美食，好駿

馬，好華燈，好煙火，好梨園，好鼓吹，好古董，好花鳥，兼以茶淫橘虐，書蠹詩魔。」

明朝滅亡，張岱的快活日子也灰飛煙滅。他披髮入山，過起了讀書寫字的隱居生活。他晚年號六休居士，意思是：粗羹淡飯飽則休，破衲鶉衣暖則休，頹垣敗屋安則休，薄酒村醪醉則休，空囊赤手省則休，惡人橫逆避則休。這份不為物役的心境，一方面反映了他一貫的自由氣質，另一方面也說明了生活的窘迫。

作為令人驚艷的小品聖手，張岱雖被黃裳譽為「天下無與抗手」的散文第一名家，他的成就卻絕非「散文家」所能涵蓋。他在經學上的建樹，標誌就是語錄體的《四書遇》。

《四書遇》的獨特價值在於，它打破了朱熹舊注的壟斷，重現了四書生命之學和心性之學的本來面目。

張岱不甘拜伏在舊說成見面前，入乎耳，出乎口，做一個亦步亦趨、人云亦云的吃瓜群眾，而是創造了學習經典的一種新方式：遇。他在序中說：他讀四書，不因襲前人注解，而是在石火電光一閃間悟出某種妙解，強調有「遇」於心。也就是根據時時處處的體認，邂近經典中蘊含的精義，做出創造性的解釋。

在《四書遇》中，張岱以過人的見識與靈動的語言，會通三教，六經注我，「把儒家經典、諸子百家語和禪宗機鋒語陶冶在一起，說得煞有介事，娓娓動聽，文采斐然，這是枯燥乏味的高頭講章和酸腐味極重的理學著作所不能比擬的。」（朱宏達語）

而與他在書中同台亮相的，不僅有同時代的學者，還有蘇東坡、程顥等前代大咖，基本都是各個時代最聰明的頭腦。他

們就四書的內容舌燦蓮花，旁徵博引，或者深談體悟，或者辨析疑義，時而惺惺相惜，時而激烈交鋒。今日讀來，猶如觀賞一台精彩紛呈的對話節目。

為了讓讀者體味「節目」中的獨到見解與連珠妙語，我們嘗試借用今日流行的微信朋友圈的形式，把《四書遇》的內容呈現出來。每個人的發言，則採取古文和白話譯文相對照的方式，如實呈現原文內容。

《大學》在四書中篇幅最短，不過 2100 多字，卻被列為四書之首。這是因為，它用格物、致知、誠意、正心、修身、齊家、治國、平天下八大綱領，把中國人內聖外王的生命之道一網打盡了，自宋代以來就成為讀書人的入門指南，宋代大學者程頤甚至說：「我平生精力都在《大學》上，這部書讀好了，才可以讀其他書。」

無論是朋友圈的現代形式還是盡可能平實的翻譯，我們的這些嘗試，都是為了幫助讀者更好地進入《四書遇》的世界，從中獲得啟發和助益。千慮一得，尚待驗證；掛一漏萬，在所難免。期待您的探討交流和批評指正！

編譯者

張岱《四書遇》自序

　　四書六經，自從被後人加上注解，原有的意趣就失去十之五六了，再被人加上詮釋，原有的意趣就失去十之八九，幾乎喪失殆盡了。所以前輩曾經說：「給六經加上注解，反而不如不加。」這些經典完完整整的幾句好文章，卻被後人的訓詁弄得零散破碎，真是太可惜了！

　　我自幼遵從祖父的教導，讀六經時從不看朱熹的注解，也不參考其他各派的注疏，以免先入為主。我只是正襟危坐，朗誦幾十遍正文，對其中的意思往往就能蕭然有所領悟。間或有一些內容自己無法弄通，就把它不加理解地牢記心中。然後過個一年或兩年，或者在讀別的書時，或者在聽別人聊天時，或者在觀賞山川風物、鳥獸蟲魚時，突然間有所感觸，對那些不理解的內容就會恍然大悟。

　　我把這些感悟整理出來，就成了這本《四書遇》。

　　之所以用「遇」字，就是說這些感悟不是在家裏碰到的，也不是在旅舍遇到的，而是旅途中偶然邂逅的。古代有一位大書法家文與可，偶爾看到路旁兩條蛇絞繞纏鬥，頓時領悟到草書的竅門；「草聖」張旭欣賞公孫大娘舞劍，觸發靈感而書藝大進。大概他們的心靈也是與什麼相遇了吧？

　　古人精思靜悟，對一個東西鑽研日久，忽然石火電光般徹悟，洞察到其精深微妙的變化，別人根本無從知道他的想法是從何處而來。現在的讀書人歷經十年苦讀，在風簷寸晷的科舉考場上，爭分奪秒地構思八股文章。而主考官在醉生夢死之

餘，忽然被某一篇投合了心意，就像磁鐵吸引鐵塊和琥珀吸引草芥一樣，相悅以解，全部注意力幾乎都被吸引過去。這種莫名奧妙的邂逅，真是讓人無法理解。我們繼續深究下去，人世間的色、聲、香、味、觸、法，沒有一樣的裏頭不存在可供相遇的途徑，就只等着與用心深邃的明眼人邂逅相遇，成為情投意合的朋友。

我在戰亂中逃離家鄉，兩年裏東奔西走，身無長物，所有的東西都統統扔掉了，唯獨把這部書稿藏在行李箱底，一頁都不曾丟掉。我還記得蘇東坡當年被貶官到海南島，在渡海時遇到了颶風，所坐的船眼看就要翻了。他自言自語說：「我的《易解》和《論語解》兩本書還沒有刊行問世，即使遇險也一定會逢凶化吉。」後來他果然平安抵達。我的這部書稿將來能不能遇到知己，和會不會遇到盜賊水火，都同樣是一個遇字啊。結果到底會怎樣，誰能輕易說得清呢？

原文：

六經四子，自有注腳而十去其五六矣，自有詮解而去其八九矣。故先輩有言，六經有解不如無解，完完全全幾句好白文，卻被訓詁講章說得零星破碎，豈不重可惜哉！

余幼遵大父教，不讀朱注，凡看經書，未嘗敢以各家注疏橫據胸中，正襟危坐，朗誦白文數十餘過，其意義忽然有省，間有不能強解者，無意無義，貯之胸中，或一年，或二年，或讀他書，或聽人議論，或見山川雲物、鳥獸蟲魚，觸目驚心，忽於此書有悟，取而出之，名曰《四書遇》。

蓋遇之云者，謂不於其家，不於其寓，直於途次之中邂逅遇之也。古人見道旁蛇鬥而悟草書，見公孫大娘舞劍器而筆法

大進，蓋真有以遇之也。古人精思靜悟，鑽研已久，而石火電光，忽然灼露，其機神攝合，政不知從何處着想也。舉子十年攻苦，於風簷寸晷之中構成七藝，而主司以醉夢之餘，忽然相投，如磁引鐵，如珀攝芥，相悅以解，直欲以全副精神注之，其所遇之奧竅，真有不可得而自解者矣。推而究之，色聲香味觸發中間，無不有遇之一竅，特留以待深心明眼之人，邂逅相遇，遂成莫逆耳。

　　余遭亂離兩載，東奔西走，身無長物，委棄無餘，獨於此書，收之篋底，不遺隻字。曾記蘇長公儋耳渡海，遇颶風，舟幾覆，自謂《易解》與《論語解》未行世，雖遇險必濟。然則余書之遇知己，與不遇盜賊水火，均之一遇也，遇其可易言哉？

聖經章

　　大學之道，在明明德，在親民，在止於至善。知止而後有定，定而後能靜，靜而後能安，安而後能慮，慮而後能得。

　　物有本末，事有終始，知所先後，則近道矣。古之欲明明德於天下者，先治其國；欲治其國者，先齊其家；欲齊其家者，先修其身；欲修其身者，先正其心；欲正其心者，先誠其意；欲誠其意者，先致其知；致知在格物。

　　物格而後知至，知至而後意誠，意誠而後心正，心正而後身修，身修而後家齊，家齊而後國治，國治而後天下平。自天子以至於庶人，壹是皆以修身為本。其本亂而末治者否矣，其所厚者薄，而其所薄者厚，未之有也！

　　大學之道，在於彰顯我們萬物一體的光明美德，在於關懷愛護民眾，在於追求並安住於至善境界。「明明德」是發現萬物一體的體，「親民」是實踐萬物一體的用。安住於對至善境界的追求中，才能使自己矢志不渝；矢志不渝，然後心才能清明安靜；心清明安靜了，然後才能從容閒適；從容閒適了，才能精密細緻地思考問題；思考精密細緻了，才能做什麼事都恰到好處，也才能最終達到至善的境界。

　　任何事都有根本和枝末，也有開端和終結。明白了修學的本末和始終，就接近生命大道了。古代那些想彰顯光明美德於天下的人，都會先治理好自己的國家；想治理好自己國家的人，都會先管理好自己的家庭；想管理好家庭的人，都會先完善自身的言行；想完善自己言行的人，都會先讓自己的心保持中正；想讓心保持中正的人，會先讓每個起心動念真誠而不自欺；想讓起心動念真誠的人，都會先開啟自己本有的良知。開啟良知的方法，是在做每件事情時為善去惡。

　　通過在每件事情上為善去惡，人心本具的良知才能開啟；只有開啟了本具的良知，才能讓每個起心動念變得真誠；只有每個起心動念變得真誠，心才會保持中正；只有心保持中正，才能完善自我的一言一行；只有一言一行完善了，才能管理好家庭和家族；只有家庭和家族管理好了，才能治理好國家；只有國家治理好了，才能天下太平。上自國家元首，下至平民百姓，人人都要以提高自我修養為根本。如果自身修養不夠嚴整，家國天下都是不可能治理好的。修養深厚者齊家治國平天下的成效小，修養薄弱者齊家治國平天下的成效反而大，這是不可能的！

《四書遇》原文

（朱子大學章句）子程子曰：「《大學》，孔氏之遺書，而初學入德之門也。於今可見古人為學次第者，獨賴此篇之存，而《論》、《孟》次之。學者必由是而學焉，則庶乎其不差矣。」右經一章，蓋孔子之言而曾子述之。其傳十章，則曾子之意而門人記之也。舊本頗有錯簡，今因程子所定，而更考經文，別為序次如左。

艾千子曰：對小學而言，謂之大學。今人以大學屬之成均、辟雍，謂天子之學不與庶方、小侯同者，此是大學止一學宮之名耳。然則改其文曰「成均、辟雍之道，在明明德」，可乎？後學慎之。

陶文僖在經筵講《大學》，謂明明德如磨鑒，不虞昏；新民如澣衣，不虞污；止至善如赴家，不虞遠。是在於性真未鑿時，擴充善端而已。

「知止」不明，非徒錯看《大學》，竟錯過一生學門。覺人倫外尚復有道，盡人倫外尚復有學，即不可謂「知止」。文王所稱「緝熙敬止」，只仁、孝、敬、慈、信，在在能止，故曰：「聖人，人倫之至。」

心地功行，細若微塵，如《中庸》「形」「著」「明」，《大學》「定」「靜」「安」，都照顧得到。

艾千子曰：「安」字不宜浮講虛幻，只明德新民止至善，無疑畏，無杌捏而已。《書》言「安止」，未有不自幾康者。

徐子卿曰：「慮」字是條理精詳，思路暢達。正明德自然真體，不是臨時撮湊。比如一事到手，若慌慌張張做過了，少不得破綻全露；若到得恰好田地，雖是偶然泛應，便竭盡思慮，無以復加。這惟從容中道者，才有個光景。是名為「慮」。

格物是零星說，致知是頓段說。格物十事，格得九事通透，一事未通透，不妨；一事只格得九分，一分不通透，不可。須窮盡到十分處。

陸景鄴曰：「格」如格子之「格」，原是方方正正，無些子不到。

既說「先」又說「後」，不是複語。聖賢教人如老嫗教孩子數浮屠：一層層數上來，又一層層數下去。有這層，就有那層，正見得有那層，先有這層，一毫參差不得。要人把全體精神，從腳跟下做起也。

饒雙峰曰：上一節就八條目逆推工夫，後一節，就八條目順推效驗。

李崆峒曰：家曰「齊」，恩斷義也，如刀切草。國曰「治」，緒而分之也，如理亂絲。天下曰「平」，因其好惡而均之也，如平道塗。斯大小遠近之義乎！

徐子卿曰：或問心是根苗，意是從心根苗裏發出，如何倒說「欲正心者，先誠其意」？余云：穀子也從苗上發生的，佈種時都是從穀子漉洗。若不會得，則言根言葉，總是糟粕一般。

徐子卿曰：非謂本亂而末決不治，厚薄而薄決不厚。零說可以，頓說可以，粗說可以，精說，吾心也是一物，若格得吾心了了，此外有何物？究竟起來，瓦甓屎溺，孰非神理？古人聞驢擊竹，悉證妙悟，豈得於此更生隔閡？但患認朱子意差，真個於物上尋討，饒君遍識博解，胸中只得一部《爾雅》，有白首而不得入古人之學，為可悲耳。要非可以病朱子也。

細玩經文及傳，此「物」字分明與上「物有本末」照應；格，是格個本耳，故傳曰：「此謂知本，此謂知之至也」。傳分明以「知本」當「格物」，而宋儒以為闕文，得無多此一補傳乎？「物格」，「知至」，是一件事，故獨曰「在」。

格物是夢覺關，誠意是人鬼關，過得此二關，上面工夫，一節易如一節了。至治國平天下，地步愈闊，但須從移步換影之處，劈肌分理，非寂寞苦空人，誰能解得？

　　董日鑄曰：「誠意」之功，非難非易。看得太易，恐認情識作本體，是裊愛子；看得太難，恐袪情識尋本體，是提燈覓火。此皆有志於「誠意」而卒失之。所以先之以「致知」。知徹之後，如淘沙得寶，粒粒成真，且有不誠而不可得者矣。

　　「格物」二字，先儒於此，幾成聚訟。朱子「今日格一物，明日格一物」，也只是對初學人立下手工夫，其實可以也。那末處任治，原不中用；薄處任厚，只是厚不得耳。《呂覽》《月令》，曾無秕政；山公吏部，何憂失人？究竟濟事不濟事？

朋友圈縱橫談

※ 程　頤

　　《大學》可是孔聖人留下來的學問，是新手提高修養的入門讀物，現在我們還能知道古人學問的先後次序，全靠着還有這本書，連《論語》《孟子》都還在其次。只要從這本書學起，學問基本上不會差到哪兒去。

原文：

　　《大學》，孔氏之遺書，而初學入德之門也。於今可見古人為學次第者，獨賴此篇之存，而《論》、《孟》次之。學者必由是而學焉，則庶乎其不差矣。

※ 朱　熹

本章是《大學》的經文一章，是曾子記述的孔子言論。後面的十章傳文，是曾子的門人記錄下曾子的解讀。舊的版本有不少錯簡的地方，現在我根據程頤老師的判定，重新考證經文，編定了各章的次序。

原文：

右經一章，蓋孔子之言而曾子述之。其傳十章，則曾子之意而門人記之也。舊本頗有錯簡，今因程子所定，而更考經文，別為序次如左。

※ 艾千子

所謂大學，指的是修身誠意、治國安邦的學問，是相對於把灑掃應對、文字訓詁稱為小學而言。現在有人把大學理解為「成均」「辟雍」這些京師貴族學府，區別於地方的學校，這是把大學誤解成學府了。如果是這樣，乾脆把《大學》首句改成「成均、辟雍之道，在明明德」得了，這不就成笑話了嗎？大家可不要理解錯了！

原文：

對小學而言，謂之大學。今人以大學屬之成均、辟雍，謂天子之學不與庶方、小侯同者，此是大學止一學宮之名耳。然則改其文曰「成均、辟雍之道，在明明德」，可乎？後學慎之。

※ 陶文僖

　　我在給太子擔任侍讀學士的時候，是這麼講《大學》這一段的：明明德就好比是打磨鏡子，積的塵垢再多也不怕；「新民」就好比是洗衣服，再不乾淨也不怕；（編注：此處陶文僖依朱熹改《大學》原文「在親民」為「在新民」的文本，講解其對於「新民」的觀點。）「止至善」好比是回家，路途再遠也不怕。這些，不過都是在人的本性真體還沒鑿開時，開擴至善的源頭而已。

原文：

　　在經筵講《大學》，明明德如磨鑒，不虞昏；新民如澣衣，不虞污；止至善如赴家，不虞遠。是在於性真未鑿時，擴充善端而已。

※ 張　岱

　　如果不弄清楚「知止」的道理，不僅理解不了《大學》，還可能會錯過一生的修學門徑。要是你還覺得在日常的待人接物之外還有一個「道」，還有東西要學，那你肯定沒弄懂什麼是「知止」。《詩·大雅·文王》中記載周文王能「以光明的德行莊敬安住」，不過是他隨時隨處可以安住於仁、孝、敬、慈、信之上，所以孟子説：「聖人，只不過是把待人接物的學問發揮到極致。」

　　我們在心地上用功提高修養，一言一行都如纖塵般細微。也正因如此，《中庸》中所説的「形」「著」「明」——誠於中而形於外，進而道德顯著，再進而明了大道——《大學》本章中指出的「定」「靜」「安」，才都能做得到。

原文：

　　「知止」不明，非徒錯看《大學》，竟錯過一生學問。覺人倫外尚復有道，盡人倫外尚復有學，即不可謂「知止」。文王所稱「緝熙敬止」，只仁、孝、敬、慈、信，在在能止，故曰：「聖人，人倫之至。」

　　心地功行，細若微塵，如《中庸》「形」「著」「明」，《大學》「定」「靜」「安」，都照顧得到。

※ 艾千子

　　我們不要把「安」字說得過於虛無縹緲，它不過就是明德、親民、止至善，就是無所懷疑、無所畏懼、無所動搖地安住於對至善的追求之中而已。《尚書‧皋陶謨》上說：「安住於你的追求，發現各種安危的徵兆。」能安住於追求至善的人，又有哪個不是警惕地對待各種徵兆的呢？

原文：

　　「安」字不宜浮講虛幻，只明德新民止至善，無疑畏，無杌揑而已。《書》言「安止」，未有不自幾康者。

※ 徐子卿

　　「慮」字的意思，就是考慮問題時條理清晰，思維縝密，正確地把握事物的真實本體，而不是臨時東拼西湊地亂抓。一件事臨頭，如果慌裏慌張把它做完了，難免就會破綻畢露；如果有人達到了慮事精詳的境界，即使偶然做出即時反應，別人就算苦思冥想也沒法做得更好。只有從從容容地行走於中道的人，才會有這種境界。這就是「慮」。

原文：

　　「慮」字是條理精詳，思路暢達。正明德自然真體，不是臨時撮湊。比如一事到手，若慌慌張張做過了，少不得破綻全露；若到得恰好田地，雖是偶然泛應，便竭盡思慮，無以復加。這惟從容中道者，才有個光景。是名為「慮」。

※ 張　岱

　　「格物」是零星次第地去做每件事情，「致知」是良知一下子開啟，豁然開朗了。在十件事情上做格物的工夫，如果九件都做得很通透完善，剩下一件事不通透不完善，並沒什麼妨礙；但是如果對一件事兒只做了九分，剩下一分不知該怎麼做，卻不行。每件事要儘可能做到十分通透完善。

原文：

　　格物是零星說，致知是頓段說。格物十事，格得九事通透，一事未通透，不妨；一事只格得九分，一分不通透，不可。須窮盡到十分處。

※ 陸景鄴

　　「格」就好比是格子的「格」，原本就是方方正正的，沒有一絲一毫不周整的地方。

原文：

　　「格」如格子之「格」，原是方方正正，無些子不到。

※ 張　岱

　　既說了「先」，接着又說「後」，這並不是羅嗦和累贅。聖賢教誨後人，就好像老太太教孩子數一座塔有多少層：一層層地數上來，又一層層地數下去。有了這一層，才有那一層，要數到那一層，先要數過這一層，一絲一毫的錯亂都不行。這其實是讓我們打起全副的精神，從腳下一步步地開始做。

原文：

　　既說「先」又說「後」，不是複語。聖賢教人如老媼教孩子數浮屠：一層層數上來，又一層層數下去。有這層，就有那層，正見得有那層，先有這層，一毫參差不得。要人把全體精神，從腳跟下做起也。

※ 饒雙峰

　　上一節是就八條目逆推修學的工夫，後一節是就八條目順推做好工夫以後的成效。

原文：

　　上一節就八條目逆推工夫，後一節，就八條目順推效驗。

※ 李崆峒

　　對家說齊，「齊」字的意思是，要排除感情親疏的干擾，像用刀割草一樣，不能參差不齊；對國家說治，「治」字的意思是，理清頭緒分別對待，像整理一團亂麻那樣，不能生拉硬扯；對天下說平，「平」字的意思是，要根據天下人的不同好

惡，儘可能公平地對待，像平整道路一樣，不能有高有低。這三個字，反映的是大小遠近的差別。

原文：

家曰「齊」，恩斷義也，如刀切草。國曰「治」，緒而分之也，如理亂絲。天下曰「平」，因其好惡而均之也，如平道塗。斯大小遠近之義乎！

※ 徐子卿

有人問：心是一切的根苗，念頭是從心的根苗裏生發出來，怎麼反而要説「欲正心者，先誠其意」呢？我的回答是：穀子確實是從根苗上長出來的，但是在播種時卻都又從穀子中漉洗選出種子。如果理解不到這一層，不管是説根苗還是説枝葉，都是糟粕。

原文：

或問心是根苗，意是從心根苗裏發出，如何倒説「欲正心者，先誠其意」？余云：穀子也從苗上發生的，佈種時都是從穀子漉洗。若不會得，則言根言葉，總是糟粕一般。

※ 徐子卿

大學裏講「修身為本」，並不是説，如果修養身心這個根本不夠嚴整，具體的事情就絕對處理不好；也不是説修養好的人齊家治國平天下的成效大，修養不好的人齊家治國平天下的成效就絕對小。循序漸進地説可以，一下子説破也可以，粗略地説可以，精細地説也行。我們的身心總歸只是一個整體，如

果心端正清明了，還有什麼會不端正呢？究竟地說起來，就如莊子所指出的，瓦片和屎尿哪一樣不蘊含着至高的道理呢？古代的天隱禪師聽見驢叫，香嚴禪師聽見石頭砸到竹子上的聲音，都能夠頓時開悟，心與物哪裏有什麼隔閡呢？怕的是你們領會錯了朱子的意思，真的在一件件具體事物上尋覓大道，這樣的話，即便你最後無所不知，也只是變成一本活字典，到白髮蒼蒼了，對古人的真實之學仍然沒有入門，太悲摧了！你還真怪不到朱子的頭上。

原文：

　　非謂本亂而末決不治，厚薄而薄決不厚。零說可以，頓說可以，粗說可以，精說，吾心也是一物，若格得吾心了了，此外有何物？究竟起來，瓦甓屎溺，孰非神理？古人聞驢擊竹，悉證妙悟，豈得於此更生隔閡？但患認朱子意差，真個於物上尋討，饒君遍識博解，胸中只得一部《爾雅》，有白首而不得入古人之學，為可悲耳。要非可以病朱子也。

※ 張　岱

　　仔細玩味《大學》第一章的經文和後面十章傳文，格物的「物」字，分明和上文「物有本末」相呼應；格，是要格那個根本，所以《大學》第五章的傳文裏指出：「此謂知本，此謂知之至也。」分明是以「知本」作為「格物」的內容，可是朱熹卻非說這兒缺了字，說：「此句之上別有闕文，此特其結語耳。」而且他又給加了個解釋「知本」的所謂補傳，這不是多此一舉嗎？「物格」，「知至」，本是一件事，所以《大學》中單獨點出一個致知「在」格物。

原文：

> 細玩經文及傳，此「物」字分明與上「物有本末」照應；格，是格個本耳，故傳曰：「此謂知本，此謂知之至也」。傳分明以「知本」當「格物」，而宋儒以為闕文，得無多此一補傳乎？「物格」，「知至」，是一件事，故獨曰「在」。

※ 張　岱

格物是從睡夢中醒來的關口，誠意是區分人與鬼的關口。過了這兩關，再向上的工夫就會一節比一節容易。到了治國平天下的階段，局面更加開闊，但仍然要從移步換影的每一個剎那，對事情進行縝密的分析。若非甘於寂寞苦空的人，誰能懂得其中奧祕呢？

原文：

> 格物是夢覺關，誠意是人鬼關，過得此二關，上面工夫，一節易如一節了。至治國平天下，地步愈闊，但須從移步換影之處，劈肌分理，非寂寞苦空人，誰能解得？

※ 董日鑄

「誠意」的功夫，既不難也不容易。如果認為它很容易，恐怕是把感覺和見識當成了本體，好比是貓頭鷹生出了雛鷹，雛鷹反過頭來把母親吞掉了。如果認為它太難，恐怕是想排除感覺和見識去尋覓本體，又好比是手裏提着燈籠到處找火。這兩種情況，都希望能做到「誠意」，最終卻必然一無所得。所以在它之前要先「致知」。清楚地知道怎樣做事，就好比從沙子

裏淘出寶珠，粒粒成真。意有不誠，就會什麼也得不到。

　　先儒對於「格物」二字意見分歧，莫衷一是。朱熹說「今日格一物，明日格一物」，向初學的人指出一個下手的工夫，其實也是可以的。即使你把那些細枝末節處理得再好，也會發現對大局沒什麼用；修養不深厚的人即使去治國平天下，成效也好不到哪兒去。不過依據《呂覽》和《月令》中的方法來施政，從來沒有不得當的舉措；善於甄拔人才的山濤擔任晉朝吏部尚書，從不錯失人才。怎麼能說格物不管用呢？

原文：

　　「誠意」之功，非難非易。看得太易，恐認情識作本體，是螟蛉子；看得太難，恐祛情識尋本體，是提燈覓火。此皆有志於「誠意」而卒失之。所以先之以「致知」。知徹之後，如淘沙得寶，粒粒成真，且有不誠而不可得者矣。

　　「格物」二字，先儒於此，幾成聚訟。朱子「今日格一物，明日格一物」，也只是對初學人立下手工夫，其實可以也。那末處任治，原不中用；薄處任厚，只是厚不得耳。《呂覽》《月令》，曾無秕政；山公吏部，何憂失人？究竟濟事不濟事？

明德之教

舜帝自幼家境清貧，顛沛流離，為養家糊口而到處奔波。他曾經在歷山（今山西運城市芮城縣東）耕耘種植，在雷澤（在今山西永濟市首陽鄉）打漁，在黃河之濱製作陶器。

到 20 歲的時候，舜在各方面都表現出卓越的才幹和強大的人格力量，只要是他勞作的地方，便興起禮讓的風尚；製作陶器，也能帶動周圍的人認真做事，大大減少粗製濫造的現象。因此，他受到人們的廣泛稱揚。

堯向四方諸侯之長四嶽徵詢繼任人選，四嶽就推薦了舜。堯將兩個女兒嫁給舜，以考察他的品行和能力。舜不但使兩位夫人與全家和睦相處，而且他到了哪裏，人們都願意追隨，因而「一年而所居成聚（聚即村落），二年成邑，三年成都（四縣為都）」。經過多方考驗，堯終於認可了舜，就選擇吉日舉行大典，禪位於舜，

舜雖然做了天子，但是生活仍然十分簡樸，而且懂得包容。他的炊具和盛飯的器皿都是瓦做的，也很少吃肉，但是並不禁止人民使用精美器具或者吃肉；他經常穿着粗陋的衣服和圍領，但並不禁止民間裁製和穿戴華麗的衣服。正因如此，他很快得到了四方百姓的歸附。

康誥章

原典

　　《康誥》曰：「克明德。」《大甲》曰：「顧諟天之明
命。」《帝典》曰：「克明峻德。」皆自明也。

＊ 譯文：

　　《尚書·周書》中的《康誥》篇中說：「（周文王）能夠弘
揚光明的美德。」《尚書·商書》中的《大甲》篇中說：「（商
湯）念念不忘這上天賦予的光明稟性。」《尚書·虞書》中的
《帝典》篇中說：「（帝堯）能夠弘揚廣大的美德。」文王、成
湯、帝堯三位聖者，都是自己努力修明其美德。

《四書遇》原文

　　（朱子大學章句）右傳之首章。釋明明德。

　　《康誥》直指其體，《伊訓》更推其原，《帝典》則極言其量
之大。蓋本乎心，原於天，包乎四表，上下明德也，而新民至
善已寓矣。帝王明德，燈若相續，薪則各燃。自性，自反，自
認，自惺，不由授受，故曰「皆自明也」。

湯霍林曰：此章不是解「明德」，是解「大人之學在明明德」。堯、湯、文都是古來大人，德一也。稟諸性曰「德」，賦諸天曰「命」，指其虛靈曰「明」，形其高大曰「峻」，總之只是明德。

「自」字，善發者多矣，卻盡粘住堯、湯、文王，不知此特藉三聖標個樣子。前乎千古之天子庶人，後乎千古之天子庶人，榜樣皆如此。

朋友圈縱橫談

※ 朱　熹

這是《大學》傳文的頭一章，解釋上面經文中「明明德」的意思。

原文：

右傳之首章。釋明明德。

※ 張　岱

《康誥》篇是直接指出聖人的美德之體，《伊訓》篇（即《大甲》）進一步展開說這種美德來源於上天，《帝典》則點出美德是無限廣大的。光明的美德以心為體，來源於天，包羅上下四方，這樣的美德，已經把關愛民眾和至善境界包含於其中了。歷代聖王彰顯其光明美德，就像燈火相續，遞傳不熄，而每個

時代所燃燒的薪柴卻又各自不同。這種美德是聖人的自性，他們自己反省，自己體認，自己領會，不是別人送給他們的。所以傳文中說，聖人都自己努力修明其美德。

原文：

《康誥》直指其體，《伊訓》更推其原，《帝典》則極言其量之大。蓋本乎心，原於天，包乎四表，上下明德也，而新民至善已寓矣。帝王明德，燈若相續，薪則各燃。自性，自反，自認，自惺，不由授受，故曰「皆自明也」。

※ 湯霍林

這一章不是用來解釋「明德」的，而是解釋「大人之學在明明德」的。帝堯、商湯和周文王都是古代的偉大人物，他們的美德是一樣的。他們從本性中所稟承到的叫做「德」，上天所賦予他們的叫做「命」，說明它的空靈叫「明」，形容它的高大叫「峻」，總而言之都是光明的美德。

原文：

此章不是解「明德」，是解「大人之學在明明德」。堯、湯、文都是古來大人，德一也。稟諸性曰「德」，賦諸天曰「命」，指其虛靈曰「明」，形其高大曰「峻」，總之只是明德。

※ 張　岱

對於「皆自明也」一句中的「自」字，前人發揮解釋了

很多，卻都是抓住帝堯、商湯和周文王來做文章，卻不知這句的本意是藉三位聖人給大家樹立顯明美德的榜樣，無論以前的天子和普通民眾，直至以後的天子和普通民眾，都要以他們為榜樣。

原文：

　　「自」字，善發者多矣，卻盡粘住堯、湯、文王，不知此特藉三聖標個樣子。前乎千古之天子庶人，後乎千古之天子庶人，榜樣皆如此。

太甲悔過

太甲是商朝第四位君主，開國君主商湯的嫡長孫。

太甲繼位之初，由四朝元老伊尹輔政。伊尹寫了《伊訓》《徂后》等幾篇文章，教導太甲努力做一位明君。太甲繼位後的前兩年還能謹慎行事，但從第三年起，就開始一味享樂，盤剝百姓，朝政昏亂。

宰相伊尹百般規勸，太甲都聽不進去。於是伊尹就將他禁閉在商湯墓地附近的桐宮（今河南省偃師縣西南），讓他自己反省，史稱伊尹放太甲。

太甲在桐宮三年，悔過自責，伊尹又將他迎回亳都（今商丘穀熟鎮），還政於他。重新當政的太甲明德修身，諸侯都歸順於他，百姓得以安居樂業。

盤銘章

湯之《盤銘》曰：「苟日新，日日新，又日新。」《康誥》曰：「作新民。」《詩》曰：「周雖舊邦，其命惟新。」是故君子無所不用其極。

＊ 譯文：

　　商王朝的開國之君商湯王，在自己的洗澡盆上刻上一句銘文：「如果能從今天開始滌故更新，就應天天更新，更要持續不斷地每天更新。」《尚書・康誥》說：「要改變舊習氣，成為一個新的人。」《詩・大雅・文王》說：「周國雖然是一個舊的邦國，但它承受的使命卻是新的。」所以，沒有一個君子是不盡心竭力追求至善境界的。

《四書遇》原文

　　（朱子大學章句）右傳之二章，釋新民。

　　今人看日新，如數今日、明日、後日，於「苟」字不着精神，下文幾成贅語。語氣猶云：「倘不日新則已，苟日新，必須

日日新，又日新。」下二語正完得個「日新」。「苟」字線索才提得起。

「作新民」，「作」字甚有連屬，從我而作也。鼓者一倦，舞者罷矣。

服事無改於舊，眷顧已錫乎新。新命只從文德緝熙中看出，非革命之說也。得之。

夏九範曰：新新不已，便是極處。

朋友圈縱橫談

※ 朱 熹

這是《大學》傳文的第二章，解釋上面經文中「新民」的意思。

原文：

右傳之二章，釋新民。

※ 張 岱

今天有人學習「日新」，就掰着手指頭數今日、明日、後日，卻不把精力放在「苟」字上，這樣下面幾句就成了廢話。其實，這句話的意思是說：「倘不滌故更新則已，一旦開始更新，就必須天天更新，持續不斷地每天更新。」有了下面這兩句，才是「日新」的完整意思，才能抓住「苟」字這個線索。

「作新民」的「作」字十分關鍵，意思是要從自己做起。擊鼓的人一懈怠，跟着鼓點跳舞的人也就鬆懈下來了。要把自己當作擊鼓的人，以身作則。

　　在周文王仍舊臣服聽命於商朝時，上天的垂愛眷顧已經轉移到新興的周國。新的天命，從周文王的光明美德中已經反映出來，並不像有人說的要通過周朝取代商朝來證明。這樣理解才對。

原文：

　　今人看日新，如數今日、明日、後日，於「茍」字不着精神，下文幾成贅語。語氣猶云：「倘不日新則已，茍日新，必須日日新，又日新。」下二語正完得個「日新」。「茍」字線索才提得起。

　　「作新民」，「作」字甚有連屬，從我而作也。鼓者一倦，舞者罷矣。

　　服事無改於舊，眷顧已錫乎新。新命只從文德緝熙中看出，非革命之說也。得之。

※ 夏九範

　　更新不已，永無止息，就是君子竭盡全力追求至善境界的體現。

原文：

　　新新不已，便是極處。

成康之治

　　周康王姬釗是西周第三位君主，周武王之孫，周成王之子。周成王臨終前，擔心太子姬釗不能勝任君位，命召公奭、畢公高率領諸侯輔佐。

　　康王即位後遍告諸侯，向他們宣告周文王、周武王的事業，以申誡諸侯，寫下《康誥》。他在召公、畢公輔佐之下，繼續推行周成王的政策，進一步加強統治，先後平定東夷大反、北征略地，並且西伐鬼方。《小盂鼎》銘文所記對鬼方征討，斬殺 5039 人，俘獲四名首領及以下 13000 多人 —— 這個記載出自青銅器上的銘文，是非常珍貴的第一手資料。

　　周成王至周康王時期，天下安定，四十多年沒有使用刑罰，史稱成康之治。

邦畿章

　　詩云：「邦畿千里，惟民所止。」詩云：「緡蠻黃鳥，止於丘隅。」子曰：「於止，知其所止，可以人而不如鳥乎！」詩云：「穆穆文王，於緝熙敬止！」為人君，止於仁；為人臣，止於敬；為人子，止於孝；為人父，止於慈；與國人交，止於信。

　　詩云：「瞻彼淇澳，菉竹猗猗。有斐君子，如切如磋，如琢如磨。瑟兮僴兮，赫兮喧兮。有斐君子，終不可諠兮！」如切如磋者，道學也；如琢如磨者，自修也；瑟兮僴兮者，恂慄也；赫兮喧兮者，威儀也；有斐君子，終不可諠兮者，道盛德至善，民之不能忘也。

　　詩云：「於戲，前王不忘！」君子賢其賢而親其親，小人樂其樂而利其利，此以沒世不忘也。

＊　譯文：

　　《詩經·商頌·玄鳥》說：「商朝的中興天子武丁管轄的廣闊國土，都是人民安居樂業之處。」《詩·小雅·綿蠻》說：

「小小黃鳥，也把山坳叢林作為棲止之處。」孔子解釋說：「在這一點上，黃鳥都知道要選擇善地以自處，人怎麼可以不如鳥呢？」《詩‧大雅‧文王》又說：「儀容端莊美好的周文王，以光明的德行莊敬安住。」周文王在國君的位置上，就安住於仁愛；在大臣的位置上，就安住於敬服；在兒子的位置上，就安住於孝道；在父親的位置上，就安住於慈愛；他和人交往，就安住於信義。

《詩‧衛風‧淇澳》上說：「瞧那淇水河灣邊，綠竹婀娜茂盛。有美德和文采的君子，像切磋琢磨骨角玉石一樣地治學修身。他又莊嚴又寬容，又威嚴又顯赫。有美德文采的君子，終究是不會被人忘記的。」「如切如磋」，說的是衛國的英明君主衛武公治學嚴謹。「如琢如磨」，說的是他提高修養的功夫。「又莊嚴又寬容」，說的是他謹慎戒惕的態度。「又威嚴又顯赫」，說的是他儀表有威嚴的氣概。「有美德文采的君子，終究是不會被人忘記的」，是說他所擁有的美德達到了至善的境界，而民眾都不會忘記的。

《詩‧周頌‧烈文》上說：「啊！前代的君王是不能忘記的。」後世的君子敬仰周文王和周武王宏大的美德，熱愛他們所創立的事業，普通百姓也受惠於他們的恩澤，享受安居樂業的快樂，所以他們永遠不會被後人忘記。

《四書遇》原文

（朱子大學章句）右傳之三章。釋止於至善。

《詩》用「止」字，猶《楚詞》用「些」字，語助耳。傳引之以釋「止至善」，遂重言「止」矣。非謂敬以止於至善，政

於敬止，想見其至善耳。

文王止孝、止敬，夫子未能事父事君，止原無止。望道未見，仍是未能，此千聖合同心法。

「君子」朱注明說是「後賢後王」，近日都屬之宗室，不是。「賢其賢」，是異姓諸王也；「親其親」，是同姓諸王也。君子句的屬封建，小人句的屬井田。樂樂利利，讀《豳風》諸詩可見。

朋友圈縱橫談

※ 朱　熹

這是《大學》傳文的第三章，解釋上面經文中「止於至善」的意思。

原文：

右傳之三章。釋止於至善。

※ 張　岱

《詩經》中「惟民所止」和「止於丘隅」兩句中的「止」字，就像《楚辭》中所用的「些」字，是語氣助詞。不過《大學》傳文引用這兩句來解釋「止至善」，所以把「止」當作實詞着重使用。但並不是說，做到敬服就可以抵達並安住於至善，而是從他安住於敬服之一點上，推想其至善境界。

周文王服事父親和天子，能夠以孝道和敬服為歸止；孔子三歲時父親就去世，沒有機會服事父親和天子，但他所歸止的

道卻同樣沒有止境。望道而未見，也是説不能見道之全體。止而無止，可以説是所有聖人共同的心法。

　　對於傳文中「君子賢其賢而親其親」的君子，朱熹明確説是指的「後賢後王」，一概地説成是王室，應該不對。「賢其賢」，指的應該是異姓諸王；「親其親」，才是指的同姓諸王。君子，指的是封王建國的那些貴族，而接下來「小人樂其樂而利其利」一句中的小人，指的是那些分配到井田耕種的庶民。他們得到恩惠而安居樂業的情形，讀一讀《詩經》中描寫他們生活的《豳風》系列詩歌，就可以知道。

原文：

　　《詩》用「止」字，猶《楚詞》用「些」字，語助耳。傳引之以釋「止至善」，遂重言「止」矣。非謂敬以止於至善，政於敬止，想見其至善耳。

　　文王止孝、止敬，夫子未能事父事君，止原無止。望道未見，仍是未能，此千聖合同心法。

　　「君子」朱注明說是「後賢後王」，近日都屬之宗室，不是。「賢其賢」，是異姓諸王也；「親其親」，是同姓諸王也。君子句的屬封建，小人句的屬井田。樂樂利利，讀《豳風》諸詩可見。

衞武中興

　　衞武公是衞國第十一代國君，在位時期自儆勵治，廣開言路，察納忠言，使百姓和睦安定。他主政達五十五年，九十多歲還親自臨政，德高望重，受到從周天子到普通百姓上下一致的稱道，譽為高風亮節的典範。

　　衞武公四十二年，犬戎殺周幽王，已經八十三歲的衞武公率兵勤王，協助周平王平定犬戎，因此升為公爵。衞武公去世後，衞國一度成為可以抗衡鄭莊公、齊僖公小霸局面的國家。人們感念他的道德文章，傳誦詩歌《淇澳》，頌揚他的高風大德。

聽訟章

子曰：「聽訟，吾猶人也，必也使無訟乎！」無情者不得盡其辭，大畏民志，此謂知本。

＊ 譯文：

孔子說：「審理案件，我會將心比心地理解當事人的狀態和訴求，盡最大努力讓雙方各得其所，不再爭訟。」不讓那些無理者胡攪蠻纏地狡辯，使人民生起敬畏心。這才叫知道根本。

《四書遇》原文

（朱子大學章句）右傳之四章，釋本末。

《大學》中頗多錯簡。《禮記》蔡氏所定傳文，所謂：「致知在格物，在物有本末，事有終始，知所先後則近道矣。知止而後有定，定而後能靜，靜而後能安，安而後能慮，慮而後能得。子曰：『聽訟吾猶人也，必也使無訟乎？』無情者不得盡其辭，大畏民志，此謂知本，此謂知之至也。」二語不作衍文。

問：「知本」如何將聽訟來說？豈先親民而後知本乎？非也。此是粘出一段話頭，令人默想宗本。且如「無情」之人，不畏法，不畏議，如何使得「大畏」「不得盡其詞」？此處正是「東邊日出西邊雨，說道無情又有情」。參破此地，自透宗本，千蹊萬徑，攝歸一處，何物礙心？此謂物格，此謂知之至也。

司寇之職，以五聲聽獄訟，求民情。一曰辭聽，出言不直則煩。二則色聽，面貌不直則赧。三曰氣聽，氣息不直則喘。四曰耳聽，聽聞不直則惑。五曰目聽，眸子不直則眊。

張侗初曰：「大畏民志」，格物也。「此謂知本」，物有本末之本也。物格而後知至矣，故曰「此謂知本，此謂知之至也」。此正是釋格物致知，直捷痛快，不須蛇足。

朱子以此傳為釋本末，尚少一釋終始傳。

虞芮之君，謂吾所爭，周人所恥，豈不「大畏」？

「以其昏昏，使人昭昭」。人知求之民而已，抑末也。聖人知其所以使者固應在我，此謂「知本」。

朋友圈縱橫談

※ 朱　熹

這是《大學》傳文的第四章，是解釋經文中「本末」的意思。

原文：

右傳之四章，釋本末。

現在通用的朱子版《大學》有不少次序錯亂的地方。大學問家蔡元定所定的《禮記》傳文中，本章的內容是：「致知在格物，在物有本末，事有終始，知所先後則近道矣。知止而後有定，定而後能靜，靜而後能安，安而後能慮，慮而後能得。子曰：『聽訟吾猶人也，必也使無訟乎？』無情者不得盡其辭，大畏民志。此謂知本，此謂知之至也。」最後這兩句，並不如程頤和朱熹所說的是多餘出來的衍文。

原文：

《大學》中頗多錯簡。《禮記》蔡氏所定傳文，所謂：「致知在格物，在物有本末，事有終始，知所先後則近道矣。知止而後有定，定而後能靜，靜而後能安，安而後能慮，慮而後能得。子曰：『聽訟吾猶人也，必也使無訟乎？』無情者不得盡其辭，大畏民志。此謂知本，此謂知之至也。」二語不作衍文。

有人問：「知本」怎麼會通過聽訟的事情來講解呢？難道是先關愛民眾才知本嗎？（編注：朱熹認為中間少了對「知本」的解釋，所以在「聽訟」章後面添加了「知本」章。張岱不以為然。）不是這麼回事。「聽訟」這一章是引出一個話頭，讓人默想修學的根本在哪裏。這一章傳文中所說的「無情」之人，既不畏懼法律，也不害怕輿論，怎樣才能讓他「生起敬畏心」，「不能胡攪蠻纏地狡辯」呢？這兒恰恰正是「東邊日出西邊雨，說道無情又有情」。劉禹錫一旦領悟到這其中的奧祕，自然也

就明白了根本。千萬條道路，最後都歸結到一個問題：是什麼東西遮蔽了心？這就是為善去惡，這就是抵達心本具的良知。

司法官員的工作，就是用「五聽」來審理案件和了解民情。第一是根據當事人的言語來判斷，如果理虧就會有說得又空洞又囉嗦；第二是根據他的神色判斷，如果理虧就會因羞愧而臉紅；第三是根據他的氣息來判斷，如果理虧，呼吸就會短促急迫；第四是根據他的反應來判斷，如果理虧就會對什麼都狐疑不信；第五是根據他的眼神來判斷，如果理虧就會散亂失神。

原文：

問：「知本」如何將聽訟來說？豈先親民而後知本乎？非也。此是粘出一段話頭，令人默想宗本。且如「無情」之人，不畏法，不畏議，如何使得「大畏」，「不得盡其詞」？此處正是「東邊日出西邊雨，說道無情又有情」。參破此地，自透宗本，千蹊萬徑，攝歸一處，何物礙心？此謂物格，此謂知之至也。

司寇之職，以五聲聽獄訟，求民情。一曰辭聽，出言不直則煩。二則色聽，面貌不直則赧。三曰氣聽，氣息不直則喘。四曰耳聽，聽聞不直則惑。五曰目聽，眸子不直則眊。

※ 張侗初

在這一章，「大畏民志」——提高民眾的敬畏之心，就是為善去惡的「格物」。「此謂知本」的本，也就是「物有本末」的本。做到了為善去惡，就可以到達心中的良知，所以說「此謂

知本，此謂知之至也」。這正是對格物致知的解釋，直捷痛快，不需要朱熹再畫蛇添足地篡改。

原文：

「大畏民志」，格物也。「此謂知本」，物有本末之本也。物格而後知至矣，故曰「此謂知本，此謂知之至也」。此正是釋格物致知，直捷痛快，不須蛇足。

※ 張　岱 _____

如果照朱熹的説法，這一章是解釋經文中的「物有本末」，那是不是還少一章解釋「事有終始」呢？

原文：

朱子以此傳為釋本末，尚少一釋終始傳。

※ 張　岱 _____

周文王做西伯的時候，鄰國的虞國和芮國的君主因為土地而紛爭不休，到周國請文王裁決。到了周國境內，他們發現，他們這種紛爭恰恰是周人恥於去做的，於是馬上就和解了。這不正是「大畏」——「生起敬畏之心」嗎？

原文：

虞芮之君，謂吾所爭，周人所恥，豈不「大畏」？

　　「以其昏昏，使人昭昭」── 有人自己都沒有搞清楚，卻想去使別人明白，只希望民眾能夠做到，終歸是捨本逐末。聖人知道，要讓他們做到的原因還是在於自己的心，這才是「知本」。

原文：

　　「以其昏昏，使人昭昭。」人知求之民而已，抑末也。聖人知其所以使者固應在我，此謂「知本」。

孔子聽訟

孔子曾任魯國的大司寇，相當於魯國的最高法院院長。《史記》中記載，孔子審理案件，撰寫判決書，有能夠共同商量的人時，他都是合議決定，而從不擅做決斷。

一次，魯國有一個人和自己的父親打官司。執政大臣季康子提議：「把這個不孝的兒子殺了。」

孔子說：「不可以殺。普通百姓不知道兒子告父親不是好事，已經很久很久了，這是官員的過錯啊。如果官員有道義，那麼父子相訟的事情就不會有了。」

季康子說：「治理百姓以孝道為本，現在殺掉一人而懲誡不孝之徒，不好嗎？」

孔子說：「不先用孝道來教化就採用殺戮的方式，這是暴虐地殺害無辜。三軍打了敗仗，不可因此而殺掉士兵；訴訟之事處理得不公正，不可因此而用刑罰進行懲罰……幾尺高的牆，連成年人也爬不過去；幾百尺高的山，連孩子也可以一步步登上山頂。這是因為循序漸進。現在，仁義已經衰落很久很久了，百姓怎會不違背仁義呢？《詩經》中說：使民不會迷心性。以前的君子引導百姓而使百姓不迷失心性，因此可以不用威嚴暴戾之法，設置了刑罰卻可以不使用。」

那個打官司的兒子聽說了孔子的話之後，就主動撤訴了。

知本章

原典

（朱子大學章句）右傳之五章，蓋釋格物、致知之義，而今亡矣。閒嘗竊取程子之意以補之曰：「所謂致知在格物者，言欲致吾之知，在即物而窮其理也。蓋人心之靈莫不有知，而天下之物莫不有理，惟於理有未窮，故其知有不盡也。是以《大學》始教，必使學者即凡天下之物，莫不因其已知之理而益窮之，以求至乎其極。至於用力之久，而一旦豁然貫通焉，則眾物之表裏精粗無不到，而吾心之全體大用無不明矣。此謂物格，此謂知之至也。」

＊ 譯文：

　　這本是傳文的第五章，是為了解釋格物致知的含義，但是已經遺失了。近來我私自揣測程子的意思，把它補充完善如下：「所謂致知在於格物的意思，是說想要獲得知識，就必須根據具體事物窮究其理。人的心是具有靈性的，而萬事萬物也具有自身的規律，只是我們沒有用自己的理性去窮究這些規律，所以知識便不全面。因此《大學》開篇明義，就讓

學習者根據自己的知識背景，窮究天下事物之理，以求達到明理知性，通達完美。下的功夫久了，就會豁然開朗，融會貫通，許多事物的裏外和粗精都一清二楚，而自己心靈的終極追求無所不明了。這就是格物的意思，這就是到達極致的理性。

《四書遇》原文

以「古之欲明明德」直接在「止於至善」之下，直截痛快，不必更為補傳。

朋友圈縱橫談

※ 張　岱

把《聖經章》的「古之欲明明德」這幾句，接在「止於至善」之下。這樣的順序直接痛快，根本不需要補什麼解釋。朱熹按自己的理解，認為《大學》在流傳過程中丟了「格物致知」的傳文，於是自己添加什麼「補傳」，純粹是多此一舉。

原文：

以「古之欲明明德」直接在「止於至善」之下，直截痛快，不必更為補傳。

陽明格竹

　　王陽明二十一歲時，讀了《朱子遺書》，看到其中說「一草一木，皆涵至理」，於是萌生格物的念頭。恰好府中多竹，他就同一個姓楊的朋友坐在亭前，面對着竹子，目不旁視，全神貫注地體會關於竹子的道理。一天過去了，兩天過去了，到了第三天，姓楊的朋友病倒了。王陽明依然面對竹子靜坐體會。三天、四天過去了，五天、六天過去了，還是沒有一點效果。到第七天，王陽明也病倒了，同樣被人抬了下去。

　　晚年時，他在講學中聊起這個故事，認為對格物的理解要從「即物」上轉向「內求於心」。

誠意章

所謂誠其意者：毋自欺也，如惡惡臭，如好好色，此之謂自慊。故君子必慎其獨也！小人閒居為不善，無所不至，見君子而後厭然，揜其不善，而著其善。人之視己，如見其肺肝然，則何益矣。此謂誠於中，形於外，故君子必慎其獨也。曾子曰：「十目所視，十手所指，其嚴乎！」富潤屋，德潤身，心廣體胖，故君子必誠其意。

✱ 譯文：

　　所謂誠意，就是不自欺。就像人聞到惡臭和看到美好的事物時，本能地就會厭惡和喜歡，從而心安理得。因此，君子必須在起心動念時有所自覺。小人在無人監督時會做不好的事，沒有什麼做不出來的；但是一旦遇到君子，馬上把不好的掩蓋起來，而顯示好的一面。雖然別人可能看不到，但是小人看自己的內心活動，就像了解自己的肺肝脾腎一樣，掩蓋又有什麼用呢？人在起心動念時無法自欺，在外也必然有所表現。所以君子必須在起心動念時有所自覺。曾子說：

「所有人的眼睛都在注視着你，所有人的手都指着你，可謂監察嚴密吧？」（但這種外在監察，還是不如起心動念時自覺更好）。人有點錢就可以住上富麗堂皇的房子，可是只有美德才可以滋養溫潤自己的身心。心胸坦蕩可以使身體安適，所以君子一定使自己的意念真誠。

《四書遇》原文

（朱子大學章句）右傳之六章。釋誠意。

意者，心之動。其實心無離意之時，雖默坐眠夢都有覺在。所以說善澄水者，去垢不去波；善正心者，去妄不去意。先儒訓誠以實，似也；不若《中庸》解「誠者，自成也」，有見成天不容偽之意。即如《易》言無妄，而行有眚者，正為於見成處不合也。知此訓者於「誠意」思過半矣。

章中「慎獨」，即「毋自欺」；「毋自欺」，即是「自慊」；「自慊」即是「誠意」。不可以「慎獨」為「誠意」下手工夫。如此，是於八條目外，又生一目矣。

若看做「人之視之」，又寬一走矣。最妙是本文一「己」字，乃小人自家肚裏瞞不過。吹毛求疵，洗垢索瘢，何與人事？「何所不至」，良心漸滅殆盡了。一見君子，忽然暴露，掩不善著善，儼然是惡惡臭、好好色的真光景。當下回頭，就可立地成佛。正如石沉海底，火性千年不滅；斧聲鏗然，一觸便現。照天耀地，也只是這點。

張元岵曰：石沉海底，火性不滅。一撲便見，一現便能燎原。厭然之性正是佛性。儒門十目十手，佛家千手千眼，所謂「獨」也。

「此之謂自慊」,《易》象曰:「謙,君子以稱物平施。」蓋好惡得平,非徒好為遜下而已。

徐子卿曰:或問「自慊」,余云:好生於色,惡生於臭。卻又道不是色,不是臭,止是自慊。所以意未觸時,本實圓滿在。若說見好色方好之盡,惡惡臭方惡之盡,又是從用處模擬,不着根苗,即於「意」字了無干涉。

朋友圈縱橫談

※ 朱　熹

這是《大學》的傳文第六章,解釋經文中「誠意」的意思。

原文:

右傳之六章。釋誠意。

※ 張　岱

意念,是心有所發動時的表現。其實心從來沒有一刻是不產生意念的,即使在默然而坐甚至沉睡入夢時,都會有意念出現。所以說,善於把水變澄清的人,只會去除水中的污垢,而不會企圖連水波也消除;善於使內心保持中正的人,只會去除心的妄動而不會企圖消滅意念活動。

原文:

意者,心之動。其實心無離意之時,雖默坐眠夢都有覺在。所以說善澄水者,去垢不去波;善正心者,去妄不去意。

以前的儒家讀書人把「誠」解釋為「實」，似乎有道理，但是不如《中庸》的解釋更準確：「誠者，自成也」子思──誠就是自我成就，有一層意思是說誠是人本來現成的，上天不容許進行矯飾。比如《周易》中所說的「無妄而行有眚者」──沒有妄為卻遭受災禍，就是因為還不完全符合現成的誠啊。知道了「誠」的這一層意思，那麼對於「誠意」也就領悟一大半了。

原文：

先儒訓誠以實，似也；不若《中庸》解「誠者，自成也」，有見成天不容偽之意。即如《易》言無妄，而行有眚者，正為於見成處不合也。知此訓者，於「誠意」思過半矣。

本章中的「慎獨」，也就是「毋自欺」。「毋自欺」，也就是「自慊」。「自慊」，也就是「誠意」。我們不要認為「慎獨」是「誠意」的下手工夫，否則，就是在《大學》的「格物、致知、誠意、正心、修身、齊家、治國、平天下」這八條目之外，又派生出一個來。

原文：

章中「慎獨」，即「毋自欺」；「毋自欺」，即是「自慊」；「自慊」即是「誠意」。不可以「慎獨」為「誠意」下手工夫。如此，是於八條目外，又生一目矣。

※ 張　岱

　　如果把本章的「人之視己」看成「人之視之」，就又理解偏了。這句用得最巧妙的就是這個「己」字，乃是小人自己無法隱瞞。即便別人吹毛求疵，挑剔缺點，和小人自己又有什麼關係呢？「何所不至」的意思是，小人的良心消失殆盡，一遇到君子，忽然間暴露，馬上把不好的掩蓋起來，而顯示好的方面。這儼然就像是討厭惡臭而喜歡美好事物的真實情形。當下回頭向善，就可以立地成佛。正如石頭沉入海底，但是它能夠引燃火的潛能，卻歷經千年而不消失；用斧子一敲，一下子就會冒出火星來。熊熊大火燃燒起來能夠照徹天地，但最開始時也就只是這一點點潛能。

原文：

　　若看做「人之視之」，又寬一走矣。最妙是本文一「己」字，乃小人自家肚裏瞞不過。吹毛求疵，洗垢索瘢，何與人事？「何所不至」，良心澌滅殆盡了。一見君子，忽然暴露，掩不善著善，儼然是惡惡臭、好好色的真光景。當下回頭，就可立地成佛。正如石沉海底，火性千年不滅；斧聲錚然，一觸便現。照天耀地，也只是這點。

※ 張元岵

　　石頭沉入海底，但是它能夠點火的潛能卻不會消失；一敲就能冒火星，一點燃就能變成燎原大火。張岱——小人掩飾不善行為的那點動機，就是所謂的佛性。儒家講「十目所視，十手所指」，佛家講「千手千眼」，都是說的那個「獨」。

原文：

　　石沉海底，火性不滅。一撲便見，一現便能燎原。厭然之性正是佛性。儒門十目十手，佛家千手千眼，所謂「獨」也。

※ 張　岱

　　「此之謂自慊」——這就是所謂的自足於心、心安理得。慊通謙，《周易》的象辭中說：「謙，君子以稱物平施。」——謙，君子依據它來權衡各種事物，公平地對待。公平地對待喜歡和厭惡的人，並不僅僅是一味地謙下。

原文：

　　「此之謂自慊」，《易》象曰：「謙，君子以稱物平施。」蓋好惡得平，非徒好為遜下而已。

※ 徐子卿

　　有人問「自慊」的意思，我說：喜歡是因美好事物而起，厭惡是因惡臭而起，同時又說根源不在美好事物和惡臭上頭，只是不違於心。所以人的意念未接觸事物時，潛在的能力已經圓滿俱在。如果說見到美好事物以後才有喜歡，聞到惡臭以後才有厭惡，就是從對象那兒模擬猜想，沒有找到本源，也就和「意」字沒有什麼關係了。

原文：

　　或問「自慊」，余云：好生於色，惡生於臭。卻又道不是色，不是臭，止是自慊。所以意未觸時，本實圓滿在。若說見好色方好之盡，惡惡臭方惡之盡，又是從用處模擬，不着根苗，即於「意」字了無干涉。

富潤屋·德潤身

閔子騫剛開始向孔子學習時，臉色乾枯，經過一段時期，才變得紅潤起來。子貢發現了他的這一變化，於是問道：「最近你的臉色好象變得紅潤了，是什麼緣故呢？」

子騫回答：「我生長在鄙陋的村野，到老師門下受教。開始的時候，老師告訴我孝順父母，教給我治理國家的方法，我心裏覺得很喜歡。但是我到外面去，看到那些達官貴人坐在豪華的大車上，前後彩旗飄揚，衣着華美的官吏在後面跟隨着，心裏又很羨慕。這兩種情緒在我心中激烈交戰，所以臉色乾枯。」

子貢點頭。子騫接着說：「到後來，我慢慢接受了老師說的道理，又跟各位同學在一塊研討，學問長進了，心裏能夠明辨是非了。現在再在外面看到豪華的車隊，明白是怎麼回事了，所以就跟看到泥人木偶一樣無動於衷了。心裏安定，德性充盈，臉色自然就紅潤起來了。」

正心修身章

　　所謂修身在正其心者，身有所忿懥，則不得其正；有所恐懼，則不得其正；有所好樂，則不得其正；有所憂患，則不得其正。心不在焉，視而不見，聽而不聞，食而不知其味。此謂修身在正其心。

* 譯文：

　　之所以說提高修養的前提在於調正此心，是因為：人如果對什麼有所憤怒，心就無法端正；對什麼有所恐懼，心也無法端正；對什麼有所喜好，心也無法端正；對什麼有所憂患，心也無法端正。心只有不粘着在具體的視聽言動之上，從而看過也像沒看過一樣，聽過也像沒聽過一樣，吃過東西也像不知道是什麼滋味一樣，這才是通過端正己心來提高修養的祕訣。

《四書遇》原文

（朱子大學章句）右傳之七章。釋正心修身。

「正」字即《中庸》「中」字。喜怒哀樂，發而中節，如風過樹，如月行空，依然還得個無體。朱子曰：四者，須從無處發出，不是寂寂的。無只是無過去、未來、現在之累，就使有而不有。最精。

人心原來至靜，亦至動，如鏡子隨照隨滅，故常照。若終日有個影子在鏡上，便對面不受照矣。聖人之心惟無在，故無不在；常人之心有所在，故有不在。

「正」字、「誠」字，亦有用力、不用力之別。如物懸空，有礙則歪。正者，去其礙而已，不必更去把持着。

朋友圈縱橫談

※ 朱　熹

這是《大學》的傳文第七章，解釋經文中「正心修身」的意思。

原文：

右傳之七章。釋正心修身。

※ 張　岱

本章「不得其正」的「正」字，意思即相當於《中庸》中

的「中」字。喜怒哀樂的各種情感，表達出來都適中而有所節制，如清風過樹，如明月行空，過後不留下任何痕跡。朱熹先生說：喜怒哀樂這四種情感，雖然必須從無形無相處發出來的，但無形無相之處又不是寂然不動的。無形無相只是說沒有過去、未來、現在的牽累，能使情感表達出來但又並非實有不變。這個說法最為精闢。

原文：

　　「正」字即《中庸》「中」字。喜怒哀樂，發而中節，如風過樹，如月行空，依然還得個無體。朱子曰：四者，須從無處發出，不是寂寂的。無只是無過去、未來、見在之累，就使有而不有。最精。

※ 張　岱

　　人心原本為是最安靜，同時又是最活躍的，就如同鏡子對事物隨照隨滅，才能一直照見不同事物。如果有個影子整天都留在鏡子裏，那麼再有別的東西出現在它前面，它就照不出來了。正因為聖人的心不執着在任何一個事物上，所以能夠無所不在；普通人的心常粘着在某一個事物上，無法處理其他事物，而有所不在。

原文：

　　人心原來至靜，亦至動，如鏡子隨照隨滅，故常照。若終日有個影子在鏡上，便對面不受照矣。聖人之心惟無在，故無不在；常人之心有所在，故有不在。

《大學》八條目中的「正心」和「誠意」工夫，也有用力和不用力的區別。好比一個東西懸在空中，一有掛礙就會歪。正，就是去掉它的掛礙，而不需要一直用手去扶持着它。

原文：

「正」字、「誠」字，亦有用力、不用力之別。如物懸空，有礙則歪。正者，去其礙而已，不必更去把持着。

襄子賽馬

趙襄子向王子期學習駕車技術。學了沒多久就要跟王子期駕車賽馬，賽馬之時他多次改換馬匹，可是多次都落在王子期後邊。

襄子說：「你教我駕車的技術，一定沒有完全教給我。」

王子期回答道：「我已經把技術毫無保留地全都教給您了，只是您在運用的時候有問題。不管駕駛什麼車輛，最重要的是馬要跟車輛配合穩妥，人的心意要跟馬的動作協調，這樣才可以加快速度達到目的。」

襄子點頭。王子期又說：「可是剛才你在我後面時，一門心思只想追上我；你在我前面時，一門心思怕我追上來。其實駕馭馬匹長途競爭，不是在前面就是落在後面。而你在前、在後心思都集中於超前和落後上，還能與馬匹協調一致嗎？這就是你落在後邊的原因了。」

齊家章

原典

　　所謂齊其家在修其身者：人之其所親愛而辟焉，之其所賤惡而辟焉，之其所畏敬而辟焉，之其所哀矜而辟焉，之其所敖惰而辟焉。故好而知其惡，惡而知其美者，天下鮮矣！故諺有之曰：「人莫知其子之惡，莫知其苗之碩。」此謂身不修不可以齊其家。

❋ 譯文：

　　說管理好家庭的前提在於提高自身修養，是因為：人對親近的人常有偏愛，對鄙視厭惡的人常有偏恨，對敬畏的人常有偏信，對憐憫的人常有偏護，對簡慢的人往往有偏見。因此，能喜愛某人又看到他的缺點，厭惡某人又看到那人的優點，這樣的人天下少見。所以諺語說：「人都不知自己的孩子壞，人都不嫌自己的莊稼壯。」這就是不提高自身修養則不能管理好家庭的道理。

《四書遇》原文

（朱子大學章句）右傳之八章。釋修身齊家。

《大學》言齊家，皆於不齊中求齊。若截然一樣，美醜不分，漫說聾啞為家公，非聖人之旨。如佛言山河大地，應作山河大地觀，是謂平等。「此謂身不修，不可以齊其家。」齊其家與家不齊有別，家不齊，便落身一層；齊其家，便是身裏面事。

徐子卿曰：且緣「辟」，所以好惡盡差，把一家之內，紛如亂絲，故諺有之曰「人莫知其子之惡，莫知其苗之碩」，分明是個家不齊的影子。詳味下面「此謂身不修，不可以齊其家」兩句，與別處不同，意義自見。

朋友圈縱橫談

※ 朱　熹

右傳之八章。釋修身齊家。

原文：

這是《大學》的傳文第八章，解釋經文中「修身齊家」的意思。

※ 張　岱

《大學》說到管理家庭，都是在差別中做到平等對待。如果同等對待，美醜不分，就像唐代宗曾經告訴郭子儀說的「不癡

不聾，不作家公」，那不是聖人教給我們管好家庭的道理。比如佛陀說山河大地，就應該看到山河大地的差別相，這才是所謂的真平等。「此謂身不修，不可以齊其家。」管理好家庭與家庭沒管理好，是有區別的，後者是忽略了自身這一層；而管理好家庭，本來就是自身應該做的。

原文：

《大學》言齊家，皆於不齊中求齊。若截然一樣，美醜不分，漫說聾啞為家公，非聖人之旨。如佛言山河大地，應作山河大地觀，是謂平等。「此謂身不修，不可以齊其家。」齊其家與家不齊有別，家不齊，便落身一層；齊其家，便是身裏面事。

※ 徐子卿

就是因為對不同的人偏向不同，所以才會錯用好惡的情感，把家庭內的關係弄得亂七八糟，所以諺語說：「人人都不知道自己的孩子壞，都不嫌自己的莊稼壯。」這分明就是個管理不好家庭的苗頭。仔細體味下面「此謂身不修，不可以齊其家」兩句話，和別處的表達不同，也就明白它真正的意思了。

原文：

且緣「辟」，所以好惡盡差，把一家之內，紛如亂絲，故諺有之曰「人莫知其子之惡，莫知其苗之碩」，分明是個家不齊的影子。詳味下面「此謂身不修，不可以齊其家」兩句，與別處不同，意義自見。

孟獻囚子

春秋時，魯國的季文子擔任上卿，掌握國家的軍政大權。他雖然有田邑作為世祿，但是妻子兒女卻沒有一個人穿綢緞衣裳，家裏的馬匹也只餵青草不餵粟米，所以都比較瘦。

大臣孟獻子的兒子仲孫看不起季文子的做法，有一次問他：「你身為魯國的上卿大夫，妻子不穿絲綢衣服，馬匹不用粟米飼養。難道你不怕百官恥笑你吝嗇嗎？不怕與諸侯交往時影響魯國聲譽嗎？」

季文子回答：「我當然也願意穿綢衣騎良馬，可是國內百姓吃粗糧穿破衣的還很多，我不能讓百姓粗飯破衣，而我家裏的人卻錦衣玉食。我聽說，官員品德高尚才是國家的最大榮譽，沒聽說過炫耀自己的美妾良馬會給國家爭光。」

一個偶然的機會，孟獻子聽季文子說了這件事，馬上回家把兒子仲孫幽禁了七天。仲孫受到管教，改過前非，妻妾從此只穿粗布衣服，也只用稗草餵馬。季文子知道以後說：「有錯誤而能改正，是人中之俊傑啊。」不久，他推薦仲孫擔任了上大夫。

治
國
章

　　所謂治國必先齊其家者，其家不可教而能教人者，無之。故君子不出家而成教於國：孝者，所以事君也；悌者，所以事長也；慈者，所以使眾也。《康誥》曰「如保赤子」，心誠求之，雖不中，不遠矣。未有學養子而後嫁者也！

　　一家仁，一國興仁；一家讓，一國興讓；一人貪戾，一國作亂；其機如此。此謂一言僨事，一人定國。堯舜帥天下以仁，而民從之；桀紂帥天下以暴，而民從之；其所令反其所好，而民不從。是故君子有諸己而後求諸人，無諸己而後非諸人。所藏乎身不恕，而能喻諸人者，未之有也。故治國在齊其家。

　　詩云：「桃之夭夭，其葉蓁蓁；之子于歸，宜其家人。」宜其家人，而後可以教國人。詩云：「宜兄宜弟。」宜兄宜弟，而後可以教國人。詩云：「其儀不忒，正是四國。」其為父子兄弟足法，而後民法之也。此謂治國在齊其家。

　　之所以說治理好國家的前提在於管理好家庭，是因為：如果連自己家人都沒教育好卻能教育好別人的，是沒有的事。所以君子不出家門，就已經能影響教化一國。孝順父母，可以延展為侍奉國君的方式；尊敬兄長，可以推展為協助上級的方式；慈愛子女，可以推廣為調動民眾的方式。《尚書·康誥》說：「（保護民眾）就要像保護初生的嬰兒一樣。」誠心誠意地去學習這種方法，雖然不能完全掌握，但一定也距離不遠了。世上沒有一個女人是先學會養育孩子，然後才出嫁的啊！

　　一個家庭充滿仁愛，也就會影響一個國家盛行仁愛；一個家庭內彼此謙讓，就會影響一個國家的人互相謙讓；一人貪利暴戾，就會影響一國的人作起亂來。國家的運作機制就是如此！這就是所謂一句話可以壞事，一個人可以安定國家。堯舜用仁愛治理天下，百姓就跟着仁愛相親；桀紂用兇暴統治天下，百姓就跟着兇暴互爭。統治者的命令如果與自己的真實想法相反，百姓就不會服從。所以，君子總是自己先做到，然後才要求別人也做到；自己先沒有某種缺點，然後才批評別人。不採取這種推己及人的恕道，而按自己的想法引導別人去做，是不可能的。所以想要治理好國家，必須先管理好家庭。

　　《詩經》說：「桃花艷美，樹葉茂密，姑娘出嫁了，讓全家人都和睦。」讓全家人都和睦，然後才能影響一國的人都和睦。《詩經》說：「兄弟和睦。」兄弟和睦了，然後才能夠影響一國的人都和睦。《詩經》說：「儀表堂堂，成為周圍之國的表率。」當一個人無論是作為父親、兒子或者兄弟都值得別人效法時，大家才會去效法他。這就是要治理國家的關鍵在於管理好家庭的道理。

《四書遇》原文

（朱子大學章句）右傳之九章，釋齊家治國。

閉戶造車，出門合轍，可想「不出家」之妙。

「成教」最難言之而成文，行之而可遠。常想家居欲有所示子侄，令童僕顧己所未至，不覺口中愧縮，以知「成教」在教所不露處。

張受先曰：「事君」「事長」「使眾」，只就君子一邊說，不可着民言。我能「孝」「弟」「慈」，則「事君」「事長」「使眾」道理便已在此，不待外求也。時文泛引移孝作忠等語，非是。

仁字當從堯舜處家庭說，方合章旨。今人竟說如天好生等語，泛甚。

此章言「機」，《平天下》言「矩」。執矩而運，言其均，握機而發，言其速。

徐子卿曰：見作者把「心誠求之」「誠」字，說得恁底真切，不知子母處還着得這些否？陽燧取火於日，方諸取水於月。求之而得，是何究竟？

朋友圈縱橫談

※ 朱　熹

這是《大學》的傳文第九章，解釋經文中「治國」的意思。

原文：

右傳之九章，釋齊家治國。

※ 張　岱

在家裏閉門造車，到外邊使用起來卻能和路上的車轍完全吻合，由此可以想見「不出家門卻可以教化一國」的奧妙。

教化最難的地方在於：言之成文而且能夠向遠方傳播。在家時，經常是想要教育一下小輩子侄或者諭令家僕書童，但是一想到自己還沒有做好，就不覺羞愧畏縮而說不出口，由此可知真正的教育，恰恰在教育無法展露的地方。

原文：

閉戶造車，出門合轍，可想「不出家」之妙。

「成教」最難言之而成文，行之而可遠。常想家居欲有所示子侄，令童僕顧己所未至，不覺口中愧縮，以知「成教」在教所不露處。

※ 張受先

服事君主、尊長和差遣眾人，是只就君子這方面來說的，而不是對普通民眾而言的。我在家孝敬父母、關愛兄弟和慈愛子女，那麼服事君主、尊長和差遣眾人的方法便已蘊含其中了，不需要再向外學習了。科考應試的文章中，經常浮泛地引用所謂「移孝作忠」等話頭，很有問題。

原文：

「事君」「事長」「使眾」，只就君子一邊說，不可着民言。我能「孝」「弟」「慈」，則「事君」「事長」「使眾」道理便已在此，不待外求也。時文泛引移孝作忠等語，非是。

※ 張　岱

「仁」字本來應該從堯舜處理家庭關係方面來說，才和本章的宗旨吻合。但是現在有人竟然用「上天有好生之德」等話來證明，太浮淺了！

本章解釋治國「其機如此」講的是「機」，而在下一章《絜矩章》解釋平天下時，所講的是「矩」。執矩而運——按着法度來執行，着重在均平；握機而發——把握機會而行動，着重在快速。

原文：

仁字當從堯舜處家庭說，方合章旨。今人竟說如天好生等語，泛甚。

此章言「機」，《平天下》言「矩」。執矩而運，言其均，握機而發，言其速。

※ 徐子卿

作者把「心誠求之」的「誠」字，說得如此真切，不知母子之間是不是還用得上「誠求」？就好比用陽燧這種工具聚光取火於太陽，用銅盤這種工具聚露取水於月亮，也能得到火和水。這種自然而然的得到，是什麼原因呢？

原文：

見作者把「心誠求之」「誠」字，說得恁底真切，不知子母處還着得這些否？陽燧取火於日，方諸取水於月。求之而得，是何究竟？

宋君自省

春秋時，宋國遭遇洪災，處於上游的魯國國君派使者前來慰問說：「天上的大雨下個不停，洪水災害很深重，連累到下游的你們，影響了你們的生活，國君派我來慰問。」

宋國國君說：「發生這樣的災害，主要是因為我沒有仁德，以前沒有做好齋戒和祭祀，役用民力沒有避開農時，違背了時節。這是上天給我的懲罰，又使你們國君為我擔憂，我真是太慚愧了！」

孔子聽說這件事情以後，對弟子們說：「宋國國君做得好，已經接近大道了。」

有弟子問：「為什麼這麼說呢？」

孔子說：「以前桀紂從不承認和改正自己的錯誤，結果很快就滅亡了。成湯和文王時刻檢討自己的不足加以改正，國家就興旺發達了。錯了能改，就不算過錯了。」

絜矩章

　　所謂平天下在治其國者：上老老而民興孝，上長長而民興弟，上恤孤而民不倍，是以君子有絜矩之道也。

　　所惡於上，毋以使下；所惡於下，毋以事上；所惡於前，毋以先後；所惡於後，毋以從前；所惡於右，毋以交於左；所惡於左，毋以交於右：此之謂絜矩之道。

　　詩云：「樂只君子，民之父母。」民之所好好之，民之所惡惡之，此之謂民之父母。詩云：「節彼南山，維石岩岩，赫赫師尹，民具爾瞻。」有國者不可以不慎，辟則為天下僇矣。詩云：「殷之未喪師，克配上帝，儀監于殷，峻命不易。」道得眾則得國，失眾則失國。

　　是故君子先慎乎德。有德此有人，有人此有土，有土此有財，有財此有用。德者本也，財者末也，外本內末，爭民施奪。是故財聚則民散，財散則民聚。是故言悖而出者，亦悖而入；貨悖而入者，亦悖而出。

　　《康誥》曰：「惟命不于常！」道善則得之，不善則失之矣。《楚書》曰：「楚國無以為寶，惟善以為寶。」

舅犯曰：「亡人無以為寶，仁親以為寶。」《秦誓》曰：「若有一个臣，斷斷兮無他技，其心休休焉，其如有容焉。人之有技，若己有之，人之彥聖，其心好之，不啻若自其口出。寔能容之，以能保我子孫黎民，尚亦有利哉。人之有技，媢疾以惡之，人之彥聖，而違之俾不通，寔不能容，以不能保我子孫黎民，亦曰殆哉。」唯仁人放流之，迸諸四夷，不與同中國。此謂唯仁人為能愛人，能惡人。見賢而不能舉，舉而不能先，命也；見不善而不能退，退而不能遠，過也。好人之所惡，惡人之所好，是謂拂人之性，菑必逮夫身。是故君子有大道，必忠信以得之，驕泰以失之。

　　生財有大道，生之者眾，食之者寡，為之者疾，用之者舒，則財恆足矣。仁者以財發身，不仁者以身發財。未有上好仁而下不好義者也，未有好義其事不終者也，未有府庫財非其財者也。孟獻子曰：「畜馬乘不察於雞豚，伐冰之家不畜牛羊，百乘之家不畜聚斂之臣，與其有聚斂之臣，寧有盜臣。」此謂國不以利為利，以義為利也。長國家而務財用者，必自小人矣。彼為善之，小人之使為國家，菑害並至。雖有善者，亦無如之何矣！此謂國不以利為利，以義為利也。

　　之所以説讓天下太平的前提是治理好國家，是因為：上面的人尊敬老人，普通民眾就會孝敬自己的父母；上面的人敬重尊長，民眾就會興起尊重兄長；上面的人憐恤孤幼，民眾也會跟着去做。所以，君子總是實行以身作則的「絜矩之道」。

　　如果你自己厭惡上級的某種行為，就不要用來對待下屬；自己厭惡下屬的某種行為，就不要用來對待上級。如果自己厭惡你前面的人的某種行為，就不要用來去對待後面的。自己厭惡後面的人的某種行為，就不要用來去對待前面的。自己厭惡右邊的某種行為，就不要用來去對待左邊。自己厭惡左邊的某種行為，就不要用來去對待右邊。這就叫做「絜矩之道」。

　　《詩·小雅·南山有臺》説：「讓人心悦誠服的君子啊，是民眾的父母。」民眾喜歡的，他也喜歡；民眾厭惡的，他也厭惡。這就叫做民眾的父母。《詩·小雅·節南山》又説：「巍峨的南山啊，岩石聳立。那顯赫的尹太師，民眾都在瞧着你。」統治國家的人不可不慎，如有偏差，就會被天下人推翻。《詩·大雅·文王》又説：「殷商沒有喪失民心的時候，也能符合上天的要求。要把殷商的滅亡作為鑒戒呀！守住天命並不容易！」這是説，得到民心就能得到國家；失去民心，就會失去國家。

　　所以君子首先注重修養自己的德操。有了美德才能有人支持，有人支持才能保有土地，有土地才能創造財富，有財富才能安排使用。美德為本，財富為末；如果輕視本而重視

末，就會與民爭利。所以，君主從天下聚斂財富，就會失散民心；君主與天下分享財富，就會歸聚民心。這就好比你毫無道理地責備別人，對方也會用不講理的話來回敬你；財物來路不明不白，到頭也會不明不白地失去。

《尚書·康誥》說：「天命不是永久不變的。」就是說，行善就能得到天命，行不善就會失去天命。《國語·楚語》說：「楚國沒有甚麼寶貝，只把善當做寶貝。」晉文公的舅舅子犯說：「流亡的人沒有甚麼寶貝，只有把愛親之心當做寶貝。」

《尚書·秦誓》說：「如果有一位大臣，忠誠老實，雖沒有特別的本領，但他心地寬厚，能夠包容別人。人家有本領，就好像自己有一樣；別人德才兼備，他心悅誠服，不僅是口頭上讚揚，而且從心眼裏讚賞。這樣的人，是可以保護我的子孫和黎民百姓的，是能造福於他們的。相反，如果看到別人有本領，他就嫉妒討厭；別人德才兼備，他就排斥打壓，無論如何不能相容。這種人不能夠保護我的子孫和黎民百姓，而且是很危險的！」因此，有仁德的領導者遇到這種人，一定要把他放逐到邊遠的四夷之地，不讓他住在京城。這就是說，只有仁者真正做到愛憎分明。如果看見賢人卻不選拔，即使選拔了卻不能重用，就是怠慢；如果看見不好的人卻不能罷免，即使罷免了也不能把他趕得遠遠的，就有過錯。一個人喜愛人們所厭惡的，厭惡人們所喜愛的，就違背了人的本性，災禍就一定會降到他身上。所以，君子治國的常理大道是：忠誠老實才能有所得；驕恣放縱，則一定有所失。

創造財富有一個大原則：創造的人多，消費的人少；創造的人勤奮，而消費的人節約。只有這樣，財富才會經常是充足的。仁愛之人藉助財富來安身立命，不仁之人則費盡身

心去聚斂財富。沒有在上者愛行仁義，而在下者卻不樂於公義的；也沒有樂於公義而做事卻半途而廢的；也沒有民眾不把國家公庫中的財富當成自己的財富來愛惜的。孟獻子說：「有四馬拉車身份的士大夫之家，就不該去計較那些養雞養豬的小事兒；能夠鑿冰用於喪祭的卿大夫之家，就不該飼養牛羊；擁有百輛兵車的諸侯，就不該任用那些只知聚斂財富的家臣。與其任用這種聚斂財富的家臣，還不如直接任用從府庫偷錢的家臣。」這就是說，國家不要把財貨看做最高利益，而要把仁義作為最高利益。做了國君卻一心聚斂財富，必定是受了小人的影響。國君以為這些小人是好人，讓小人去管理國家事務，結果天災人禍一齊降臨。即使國中有善士賢才，也無力回天了！所以，國家不要把財貨看成最高利益，而要把仁義作為最高利益啊！

《四書遇》原文

（朱子大學章句）右傳之十章，釋治國平天下。凡傳十章：前四章統論綱領指趣，後六章細論條目功夫。其第五章乃明善之要，第六章乃誠身之本，在初學尤為當務之急，讀者不可以其近而忽之也。

絜有廣狹，而矩無加損，就如一條木尺，起造廣廈大殿，其木尺不加長也。故絜矩者，不難在絜，難在矩。須要星星不差，寸寸不忒，是一條準尺，方才絜得。

「絜矩」「矩」字，與經文「格物」「格」字正相照應。持一準矩，便是物物之格式也。

程伯子曰：將身放在天地萬物中，例看大小快活，此是絜

矩之道。

財是天地生氣，積之左藏，則成死貨矣。文、景繩朽之藏，定出漢武；德宗瓊林之聚，定有朱泚。漢武是富家敗子，朱泚是刻剝家盜賊。蓋生氣堆垛不過，自尋活路走耳。臣子窺竊，人主竟不察，自家巧取多積何用？愚哉！

韓求仲曰：德為治平之本；財為治平之末。不是德為財本，財為德末。

徐子卿曰：如今人把「不于常」三字，改作「無常」兩字，天命像個活落套子，可笑之極！

嬰兒墮地，哭先於笑。故絜矩之道，不言好而止言惡者，以人之所惡，更真於所好也

盧玉溪曰：臣曰「一个」，是挺然獨立而無朋黨之謂，此解深切時務。然《秦誓》原本則曰「一介臣」，非「一个臣」，「介」字亦有孤立不倚之意，「柳下惠不以三公易其介」，即此「介」也。

唐以殘破之天下，用劉晏而富；宋以全盛之天下，用王安石而貧，何也？劉晏之術兼於用人；安石之術，專於生財也。故「生之者眾」四句，全是以人生財。平天下章理財用人，處處分說。此四句是合說。

盡天下老少長幼好惡之情，只此財用。憑他孩提稍長，與之錢則欣然而喜；奪之則啼。所以平天下一章當重財用。

韓求仲云：伐冰是得以自命命之，凌人其秩更隆，非用冰之家也。

《大學》經文末節，便下「治」「亂」二字，極有關係。傳之末節，極言小人專利之害，兩提國家，最為徵切。德為本，財為末，外本內末，以身發財則本亂矣。《易》云：「開國承家，小人勿用。」象曰：「小人勿用，必亂邦也。」

楊復所曰：有諸己，無諸己，只論存之於心。如此言，必有諸己，而後可求諸人，不然，何以求人？必無諸己，而後可非諸人，不然，何以非人？蓋只求有諸己、無諸己，非真欲求諸人、非諸人也，所以下文曰：「藏乎身。」不然，有諸己，而真去求人，無諸己，而真去非人，露亦極矣，刻亦極矣，何以為「藏」，何以為「恕」也。

《大學》自誠意時，便提出好惡二字，到得平天下，只是個好民好惡民惡而已。中間正心、修身、齊家、治國，皆以好惡發之，徹頭徹尾、無顯無微，總此一事。孟子論夜氣曰：好惡與人相近，箕子陳疇以無作好，無作惡，為王道錫民之極。

朋 友 圈 縱 橫 談

※ 朱 熹

這是《大學》的傳文第十章，解釋經文中「平天下」的意思。十章傳文，前四章總論綱領旨趣，後六章細論條目功夫。其中第五章是《中庸》所說的「明善」（察明本心之善）的關鍵，第六章是立身以誠的根本，對於初學者來說尤其是當務之急，讀《大學》時不要因為它們內容淺近而忽略了。

原文：

右傳之十章，釋治國平天下。凡傳十章：前四章統論綱領指趣，後六章細論條目功夫。其第五章乃明善之要，第六章乃誠身之本，在初學尤為當務之急，讀者不可以其近而忽之也。

※ 張　岱

　　要衡量的東西寬窄不同，可是衡量的準則卻沒有增減。就好比一條木尺，即使是用於建造高樓大廈，木尺也不須增長。但凡用準則衡量事物，不難在衡量上，而難在確立準則上。準則必須要像一把精準的尺，每個刻度都不差，前後每一寸都一模一樣，才能用來衡量。

　　「絜矩」的「矩」字，與《大學》經文中「格物」的「格」字正相照應。堅持一個精確的準則，也就有了衡量控制所有事物的標準。

原文：

　　絜有廣狹，而矩無加損，就如一條木尺，起造廣廈大殿，其木尺不加長也。故絜矩者，不難在絜，難在矩。須要星星不差，寸寸不忒，是一條準尺，方才絜得。

　　「絜矩」「矩」字，與經文「格物」「格」字正相照應。持一準矩，便是物物之格式也。

※ 程伯子

　　把自身置於天地萬物之中，據以觀察萬物的大小快活，這也就是「絜矩」之道。

原文：

　　將身放在天地萬物中，例看大小快活，此是絜矩之道。

※ 張　岱

　　財富是天地間流動的生機，如果都聚集到國庫中去，就變成沒有活力的死貨。漢代文景之治聚集大量財富，國庫中穿錢的繩子都朽斷了，注定了後世要出現一個窮兵黷武的漢武帝；唐德宗建立庫房貯藏從人民手中聚斂的財物，注定了要出現劫掠的朱泚叛軍。漢武帝好比是富戶的敗家子，朱泚則好比是刻薄之家招來的盜賊。估計是本應流動的財富忍受不了堆集積壓，要自尋活路跑掉吧？臣子們覬覦盜竊國庫財富，國君竟然不能察覺，當初他巧取豪奪，積累這麼多財富又有什麼用呢？真是愚昧到家了！

原文：

　　財是天地生氣，積之左藏，則成死貨矣。文、景繩朽之藏，定出漢武；德宗瓊林之聚，定有朱泚。漢武是富家敗子，朱泚是刻剝家盜賊。蓋生氣堆垛不過，自尋活路走耳。臣子窺竊，人主竟不察，自家巧取多積何用？愚哉！

※ 韓求仲

　　美德是治國平天下之本，財富是治國平天下之末。所以二者是以治國平天下為體而分本末，德並不是創造財富之本，財也不是美德之末。

原文：

　　德為治平之本；財為治平之末。不是德為財本，財為德末。

※ 徐子卿

　　如今有人把本章的「不于常」三個字，改成「無常」兩個字，這就把天命當成了個隨意改變的活絡外殼，實在是太可笑了！

原文：

　　如今人把「不于常」三字，改作「無常」兩字，天命象個活落套子，可笑之極！

※ 張　岱

　　孩子出生時，先會哭才會笑。所以「絜矩」之道，不說人所喜歡的而只說厭惡的，因為人所厭惡的東西，比所喜歡的更為真切。

原文：

　　嬰兒墮地，哭先於笑。故絜矩之道，不言好而止言惡者，以人之所惡，更真於所好也。

※ 盧玉溪

　　本章說大臣時，量詞用「一个」，表示挺然獨立而沒有朋黨的意思。這種解釋可以說很貼近當下的時局。但是《尚書·秦誓》的原本則用的是「一介臣」，而非「一个臣」，「介」字也有獨立而無所倚託的意思，「柳下惠不以三公易其介」中的「介」，也正是這個意思。

原文：

　　臣曰「一个」，是挺然獨立而無朋黨之謂，此解深切時務。然《秦誓》原本則曰「一介臣」，非「一个臣」，「介」字亦有孤立不倚之意，「柳下惠不以三公易其介」，即此「介」也。

※ 張　岱

　　唐朝經歷安史之亂後，天下殘敗破爛，只任用了一個劉晏就又變得富有；北宋數代積累而強大興盛，只任用了一個王安石就變得捉襟見肘，為什麼呢？這是因為劉晏的治理方法兼顧了用人，而王安石則專注於增加財富。所以說「生之者眾」四句，全是說以人生財。「平天下」這一章談理財和用人，每一處都是分別說，只有這四句是把二者合在一起說。

原文：

　　唐以殘破之天下，用劉晏而富；宋以全盛之天下，用王安石而貧，何也？劉晏之術兼於用人；安石之術，專於生財也。故「生之者眾」四句，全是以人生財。平天下章理財用人，處處分說。此四句是合說。

※ 張　岱

　　要想儘量滿足天下男女老少的好惡之情，只要用好國庫中的財富即可。就算是小孩子剛剛懂事，你給他錢他就喜形於色，把錢拿走他就會哭鬧。所以「平天下」一章重視財富。

原文：

　　盡天下老少長幼好惡之情，只此財用。憑他孩提稍長，與之錢則欣然而喜；奪之則啼。所以平天下一章當重財用。

※ 韓求仲

　　「伐冰之家不畜牛羊」中的「伐冰之家」，是指那些身當國家禮籍策命的貴族，而掌管採冰的官員職位即便再高，也不是用冰的貴族。

原文：

　　伐冰是得以自命命之，凌人其秩更隆，非用冰之家也。

※ 張　岱

　　《大學》的經文最末尾一節，已經寫了「治」「亂」兩字，這是很關鍵的。傳文的最後一章，竭力說明小人專利的危害，兩次提到國家，可以說最為審慎和切實。美德為本，財富為末，外本內末，如果犧牲身心去發財就是本末倒置了。《周易》中說：「無論是創立國家還是繼承家業，都不要任用小人。」象辭說：「不要任用小人，否則一定會使國家混亂。」

原文：

　　《大學》經文末節，便下「治」「亂」二字，極有關係。傳之末節，極言小人專利之害，兩提國家，最為微切。德為本，財為末，外本內末，以身發財則本亂矣。《易》云：「開國承家，小人勿用。」象曰：「小人勿用，必亂邦也。」

※ 楊復所

　　自己是否具備某種美德、是否沒有某種缺點，只消問一下自己的心就知道了。所以，我們一定要自己具備了某種美德，才能去要求別人，否則憑什麼要求別人呢？一定要自己沒有某種缺點，而後才可以批評別人，不然，憑什麼批評別人呢？所以終歸是只要求自己有美德、無缺失，並非真的去要求或批評別人。所以下文說：「歸藏於身。」不然的話，自己有某種美德，就真去要求別人；沒有某種缺點，就真去批評別人，不僅是過度表現，而且是極其苛刻。這就是不明白什麼是「藏」、什麼是「恕」了。

原文：

　　有諸己，無諸己，只論存之於心。如此言，必有諸己，而後可求諸人，不然，何以求人？必無諸己，而後可非諸人，不然，何以非人？蓋只求有諸己、無諸己，非真欲求諸人、非諸人也，所以下文曰：「藏乎身。」不然，有諸己，而真去求人，無諸己，而真去非人，露亦極矣，刻亦極矣，何以為「藏」，何以為「恕」也。

※ 張　岱

　　《大學》自講誠意開始，便提出喜好和厭惡這兩種情感，到了「平天下」一章，就只說了個好惡要與人民相同。中間的正心、修身、齊家、治國，都是從喜好和厭惡發展而來，徹頭徹尾無論大小只是一回事兒。孟子在談到「夜氣」時說：君主的好惡與人相近。而賢臣箕子與周武王談論治國之道時指出，夏禹所制定的洪範九疇——君主需要遵循的九條大法——包括

有這樣的內容：不要表現出偏好，也不要表現出厭惡，這才是仁義的政治家送給人民的最好禮物。

原文：

《大學》自誠意時，便提出好惡二字，到得平天下，只是個好民好、惡民惡而已。中間正心、修身、齊家、治國，皆以好惡發之，徹頭徹尾無顯無微總此一事。孟子論夜氣曰：好惡與人相近，箕子陳疇以無作好，無作惡，為王道錫民之極。

拔葵去織

魯國宰相公儀休，有一次回到家中，發現自己的夫人正在織布。宰相夫人親自織布，應該算是勤儉持家的模範了。可是公儀休認為，夫人織布會讓別的官員家效仿，是與織布女爭利，和夫人大吵了一架。

過了不久，他在家吃飯的時候，隨意就問起葵菜的價格。葵菜在當時是一種很普遍的蔬菜，類似於現在的大白菜。家人回答說，大人您吃的這個葵菜不要錢，是自家菜園裏種的。他當即就生了氣：「我們已經拿了國家的俸祿，還要自己種菜，這不是和菜農爭利嗎？」

吃完飯，他親自跑到菜園裏，把葵菜都拔掉了。

參考書目

（宋）程頤、程顥：二程遺書 [M]. 上海：上海古籍出版社，2000.

（宋）朱熹 . 四書章句集注 [M]. 瀋陽：遼寧教育出版社，1998.

（明）王守仁 . 王陽明全集 [M]. 上海：上海古籍出版社，1995.

（清）劉沅 . 大學古本質言 [M]. 上海：華東師大出版社，2012.

南懷瑾 . 原本大學微言 [M]. 上海：復旦大學出版社，2004.

當才子大學

[明] 張岱 著

傅于天 編譯

□ 責任編輯：沈海龍
□ 裝幀設計：高　林
□ 排　版：賴艷萍
□ 校　對：盧爭艷
□ 印　務：林佳年

出版　　中華書局（香港）有限公司
　　　　香港北角英皇道 499 號北角工業大廈一樓 B
　　　　電話：(852) 2137 2338　　傳真：(852) 2713 8202
　　　　電子郵件：info@chunghwabook.com.hk
　　　　網址：http://www.chunghwabook.com.hk

發行　　香港聯合書刊物流有限公司
　　　　香港新界大埔汀麗路 36 號
　　　　中華商務印刷大廈 3 字樓
　　　　電話：(852) 2150 2100　　傳真：(852) 2407 3062
　　　　電子郵件：info@suplogistics.com.hk

印刷　　美雅印刷製本有限公司
　　　　香港觀塘榮業街 6 號 海濱工業大廈 4 樓 A 室

版次　　2020 年 4 月初版
　　　　© 2020 中華書局（香港）有限公司

規格　　32 開（230mm×150mm）

ISBN　　978-988-8674-42-8